TIRE A 10,000 EXEMPLAIRES.
— Une tous les quinze jours.

CHANSON
AU DIX-NEUVIÈME SIÈCLE.

Recueil de Chansons populaires et contemporaines

De nos Chansonniers les plus renommés.

1ʳᵉ Livraison.

N. B. Toute contrefaçon sera rigoureusement poursuivie.

PARIS.

DURAND,

18, PETITE-RUE SAINT-PIERRE-AMELOT.

Dépôt principal chez Mᵐᵉ Vᵉ DELAVIGNE, Libraire,
Passage de l'Ancre.

Et chez tous les Libraires et Marchands de Nouveautés.

1846

LA CHANSON

AU XIXe SIÈCLE.

C'EST LA CHANSON.

AIR : C'est ma Lison, ma Lisette (HACHIN).

C'est la chanson
Chansonnette
Guillerette,
C'est la chanson
Que l'on chante à l'unisson.

Dans des milliers de vers,
Et piquante et follette,
Qui charme l'univers
En frondant les travers?
C'est la chanson, etc.

Qui sait du Chansonnier
Egayer la musette,
Lorsque dans son grenier
Il n'a pas un denier?
C'est la chanson, etc.

1

Par un joyeux refrain
Animant la goguette,
Au plus sombre chagrin
Qui sait vous mettre un frein ?

 C'est la chanson, etc.

Qui sait, quand le piano
Vient nous rompre la tête,
Chasser au loin l'écho
D'un ennuyeux duo ?

 C'est la chanson, etc.

Qui fait que ma Lison,
Séduisante grisette,
D'amour, en ma cloison,
Vient prendre une leçon ?

 C'est la chanson, etc,

Qui sait, du prisonnier
Loin d'amis qu'il regrette,
Egayer le foyer
En dépit du geôlier ?

 C'est la chanson, etc.

Qui fait d'un air malin
Sourire la fillette

Au couplet gai, badin,
Quelquefois libertin?

 C'est la chanson, etc.

Qui fait qu'un gai luron
Se montre l'interprète
De Gouffé, de Laujon,
De Panard, de Piron?

 C'est la chanson, etc.

Loin de ces grands galas
Où règne l'étiquette,
Au plus simple repas
Qui donne des appas?

 C'est la Chanson, etc.

DURAND (Louis-Charles).

T'EN AS MENTI.

AIR : Ça va bon train,
ou Finissez donc, vieux scélérat (BLONDEL).

Faut avoir un peu d'complaisance
Pour croir' aux cont's que l'on nous fait;
Partout on n'entend que jactance :
Les uns mentent par intérêt,
D'autres pour orner leur sujet.

Quand j'entends quelqu'un qui divague,
Moi j'ai tout d'suit' pris mon parti ;
J' lui dis : mon vieux, tu m'cont's une blague,
    T'en as menti.

Tiens... te v'là, mon vieux camarade !
Je n't'ai pas vu d'puis ton congé.
Comment ! d'puis six mois t'es malade ?
Je n'sais si c'est un préjugé,
Mais, vrai ! je n'te trouve pas changé ;
T'as l'teint roug' comm' une écrevisse,
Tu pu's l'vin, t'as l'air abruti.
Et tu n'as bu que d'la réglisse ?..
    T'en as menti.

Non, je n'souffrirai pas qu' tu sortes,
Ma foi ! j'en suis désespéré,
D'autant plus, Lis', que tu m'apportes
Le joli p'tit bonnet fourré
Que j'ai si longtemps désiré ;
J'crois qu' pour l'entrer j'aurai de la peine,
Il est bien soigné, bien genti,
Mais si tu m'dis qu' j'en ai l'étrenne...
    T'en as menti.

Ah ! c'était une terrible affaire !
Me disait un d'nos vieux troupiers ;

L'tiers de not' monde était par terre,
Car un feu des plus meurtriers
Décimait nos brav's grenadiers :
Leur chef, qui voit qu'on les bombarde,
Recul' craignant d'être investi,
— Toi ! t'as vu r'culer la vieill' garde !..
  T'en as menti.

Dis donc, ma femm', je sens quéqu' chose
Qui m'égratigne en t'embrassant ;
Est-c'que l'gros limousin Larose
S'rait v'nu pendant qu'j'étais absent
Pour te visiter en passant?
Pourquoi t'en défendre, opiniâtre !
Tu vois bien que j'suis averti...
C'qui m' ratiss', c'est un morceau de plâtre...
  T'en as menti.

Tu mens ! docteur qui rend la vue
Avec des yeux artificiels;
Tu mens ! toi qu'affich's dans chaqu' rue
Des remèdes surnaturels
Et des bandages éternels !
Toi, qui vois entourer la ville
D'un rempart, à nos frais bâti,
Et qui dis qu'ça nous est utile,
  T'en as menti.

Notr' pourvoyeur, à ses pratiques
Qui n'trouv'nt pas son vin succulent,
Répond : Messieurs, n'y a pas d' rubriques,
Chez moi, je sers ordinair'ment
Un petit bourgogne excellent.
Par ce copeau, valet d'ivrogne,
Tu vas te trouver applati :
Y n'pousse pas d'bois d'Inde en Bourgogne !..
    T'en as menti.

Ch. COLMANCE.

LE VIEUX DE LA VIEILLE.

AIR : Tournez, à tous les coups l'on gagne (CHANU),
ou Du pas redoublé.

Lorsque le petit caporal,
  Conduit par son génie,
Alla, de son pas martial,
  Conquérir l'Italie,
Qui sut d'un mouvement hardi,
  Et sans baisser l'oreille,
Traverser le pont de Lodi ?
  C'est un vieux de la vieille !

Courant bientôt en Orient
 Avec ses intrépides,
Bonaparte, comme un géant,
 Combat aux Pyramides.
Des Pharaons le grand tombeau
 A sa voix se réveille,
Qui le pavoisa d'un drapeau?
 C'est un vieux de la vieille!

Lorsque se rendit aux Cinq cents
 Le héros de brumaire,
On vit des tribuns menaçants
 Le contraindre à se taire.
Sur lui brille le fer fatal,
 Mais un brave surveille :
Qui sut sauver son général?
 C'est un vieux de la vieille!

Quand l'empereur signa la paix,
 La garde impériale
Revint, riche de ses hauts faits,
 Dans notre capitale.
Lorsqu'un grenadier paraissait,
 C'était une merveille ;
Avec orgueil chacun disait :
 C'est un vieux de la vieille!

Mais à Waterloo le succès
   Vint tromper le courage :
Rendez-vous ! s'écriait l'Anglais,
   Au milieu du carnage.
Sourd à cet appel du vainqueur
   Que la pitié conseille,
Qui jeta le cri de l'honneur ?
   C'est un vieux de la vieille !

Napoléon trahi du sort,
   Loin de sa cour brillante,
Sur un rocher trouve la mort
   Dans une longue attente.
Près du héros dans la douleur,
   Sans cesse un ami veille ;
Qui resta fidèle au malheur ?
   C'est un vieux de la vieille !

Conscrits, qui bravez les hasards,
   Aux champs de l'Algérie,
Imitez en tout les grognards :
   Servez bien la patrie.
Soyez Français et troubadours,
   Caressez la bouteille,
Puis en avant marchez toujours
   Comme un vieux de la vieille !

         Justin CABASSOL.

LES FICELLES.

AIR : Ah ! quel bonheur, ah ! quel plaisir.

Toi qui du feu de la chanson
Ressens les étincelles,
De nos succès, en bon garçon,
Veux-tu quelques parcelles.
    Goguettier,
      Je vais du métier
Te montrer les ficelles.

Laisse l'entrain et la gaîté
    Que la verve aiguillonne ;
Sans plaisir et par vanité
    Maintenant on chansonne.
A propos, en faisant agir
    Certain moyen pratique,
On est plus sûr de réussir
    Qu'avec l'art poétique.   Toi qui, etc.

Adresse à notre Béranger
    Des couplets pour sa fête,
Il répondra pour t'obliger :
    « Vous êtes bien honnête. »

Pour te poser, et c'est ton droit,
 Montre son autographe ;
Mais, surtout, cache bien l'endroit
 Qui parle d'orthographe. Toi qui, etc.

Cherche des mots très peu connus,
 Et puis tu les enchâsses
Dans des vers durs ou biscornus,
 Montés sur des échasses ;
L'auditoire, le nez au vent,
 Qui s'applique à t'entendre,
Te croira d'autant plus savant
 Qu'il n'y peut rien comprendre. Toi,

D'un air souffrant, les yeux en pleurs,
 La voix triste et voilée,
Montre au public par les douleurs
 Ta jeunesse étiolée ;
Meurs s'il le faut, pour l'attendrir,
 Sûr que pour hécatombe
Mille bravos vont retentir
 Sur ta modeste tombe. Toi qui, etc.

Sur un lac bleu, limpide et pur,
 Voguant à pleines voiles,
Avec Nirza, d'un ciel d'azur,
 Tu comptes les étoiles,

Puis ton refrain commence là,
    Avec Duprez tu luttes,
En chantant la la la la la
    Pendant vingt-cinq minutes. Toi, etc.

Ou bien dans des chants vertueux,
    Simple et touchant modèle,
Sois bon, sensible et généreux,
    D'une amitié fidèle.
Au prix Montyon l'on t'inscrira ;
    Et puis, dans sa famille,
La bonne mère en permettra
    La lecture à sa fille. Toi qui, etc.

Sois prophète ! A l'humanité
    Promets, bien qu'en problème,
Amour, bonheur, joie et santé,
    En suivant ton système :
Surpris, charmé, chaque auditeur,
    Qui croit ce que tu chantes,
Crie : Ah ! bravo ! ce novateur
    Va nous faire des rentes ! Toi, etc.

Dis aux femmes : Des préjugés
    Brisez le joug infâme ;
Dieu fit-il pour être adjugés,
    La chair, le cœur et l'âme ?

De donner tout à vos maris
   Le bon droit vous dispense...
Alors de gracieux souris
   Seront ta récompense.   Toi qui, etc.

Si du peuple tu veux avoir
   Les bravos pour salaire,
L'instruire serait ton devoir,
   Ne cherche qu'à lui plaire ;
Que par toi, flatté, caliné,
   Il en rie en sa barbe ;
Il faut bien passer le séné
   Quand on veut la rhubarbe.   Toi, etc.

Tu parais douter du succès,
   En suivant ma méthode ;
Cependant, pour faire florès,
   Elle est sûre et commode.
Tous les jours on voit nos auteurs,
   Employant ces manœuvres,
Faire, à tous ces bons visiteurs,
   Avaler des couleuvres.   Toi qui, etc.

CHANU.

JAVOTTE.

AIR : Maman, j'ai mal au cœur,
ou C'est la Comète.

Je commence à bien pénétrer
Tous les secrets de ma voisine.
Quand chez elle, je vois entrer
Certains fripons à la sourdine,
   Je dis d'un ton grivois :

   Allons, Javotte,
     Frippe ta cotte ;
Je dis d'un ton grivois,
Frippe ta cotte encore une fois.

Epions encore avec soin
Les mystères de sa chambrette.
Bon ! j'y vois l'épicier du coin :
Il chiffonne sa collerette,
   Il en paiera l'empois...

   Allons, Javotte, etc.

Il sort. Un autre ! c'est trop fort !
C'est le vieux cordonnier Grégoire,

Ils vont tous deux tomber d'accord
Pour l'acquit d'un certain mémoire.
 Quoiqu'il sente la poix,

 Allons, Javotte, etc.

Ce vieux bijoutier colporteur,
Digne sectateur de Moïse,
A ses yeux, pour charmer son cœur
Vient d'étaler sa marchandise ;
 Il offre tout au choix :

 Allons, Javotte, etc.

Comme il a bien choisi son jour,
Ce petit clerc de la basoche !
Avant de peindre son amour,
Il frappe gaîment sur sa poche :
 C'est le premier du mois !...

 Allons, Javotte, etc.

Ce monsieur souvent rebuté,
Enfin, pénètre dans sa chambre ;
Toujours éconduit en été,
On ne l'y reçoit qu'en décembre ;
 C'est un marchand de bois !...

 Allons, Javotte, etc.

Un quidam qu'elle sut gruger,
Donne l'éveil au commissaire ;
Ce magistrat vient pour juger
S'il doit donner suite à l'affaire ;
Pour adoucir les lois,

Allons, Javotte, etc.

Édouard HACHIN.

A L'AMITIÉ.

AIR : Un jour je rêvais qu'à Cythère.

Trop souvent trompé par les belles,
Je fis mes adieux à l'amour,
Quand, soudain, repliant ses ailes,
Un ange m'apparut un jour,
Mais, pour calmer mon épouvante,
Son doux regard m'a convié,
Sa main presse ma main tremblante,
Il me parle de l'amitié.

Quand d'amis la terre fourmille,
Hélas ! aux amis je crois peu.
A ces mots, une larme brille,
Et tombe de son grand œil bleu.

Bientôt, par d'invincibles charmes,
A lui je me trouve lié ;
Je verse de bien douces larmes...
Et mon cœur s'ouvre à l'amitié.

Bon ange, en t'écoutant, j'oublie
Les méchants et les envieux,
Je vais recommencer ma vie
En rêvant des jours plus heureux.
De mes plaisirs, de ma tristesse,
Il te faut toujours la moitié.
Ton âme, voici ta richesse,
Et ton bonheur, c'est l'amitié.

Comme l'étoile, qui dans l'onde
Se mire sous un ciel d'azur.
Oh ! non, tu n'es pas de ce monde,
Bon ange ! ton cœur est trop pur !...
Revole au séjour où l'on aime ;
Ici-bas, tu vis oublié,
Ce n'est qu'au ciel, près de Dieu même,
Que l'on retrouve l'amitié.

G. C. PICARD.

Imp. Guillois, faub. St-Antoine, 125.

LES BEAUX JOURS.

AIR : Notre-Dame du Mont-Carmel,
ou Sonnez fort, sonnez la clochette.

Dans l'âge d'or, un temple magnifique
Etait construit au nom du genre humain ;
L'égalité soutenait le portique,
Les arts, la gloire, en montraient le chemin ;
On y plaça, pour écraser le vice,
L'honneur, la force, ensemble confondus.
En détruisant ce sublime édifice,
Que de beaux jours les hommes ont perdus !

Remarquez l'homme au printemps de la vie,
Alors qu'amour pénètre dans son cœur ;
S'attache-t-il fille sage et jolie ;
Aimera-t-il la vertu, la candeur ?
Non ! l'insensé, prisant la jouissance,
Veut des appas à peine défendus ;
En préférant le vice à l'innocence,
Que de beaux jours les hommes ont perdus !

Au temps passé, la primitive Eglise
Régénéra les peuples au berceau ;

Elle enfanta pour remplacer Moïse,
Une colombe, une vierge, un agneau.
Du haut des cieux, ce trio débonnaire
Tenait sur nous ses bienfaits suspendus ;
Le fanatisme a dévoré leur mère...
Que de beaux jours les hommes ont perdus !

Jadis un prince, insensible à la crainte,
Au pied d'un chêne écoutait ses sujets ;
Un autre roi, pour entendre la plainte,
La recevait en son propre palais.
Mais, dans ce siècle où règne l'avarice,
Au poids de l'or les arrêts sont rendus,
Nos magistrats nous vendent la justice :
Que de beaux jours les hommes ont perdus !

D'un joug pesant la France mécontente,
Brisait ses fers après un long sommeil ;
La liberté, d'une voix éclatante,
Aux nations annonçait son réveil.
O Liberté ! déesse pure et franche,
Tes sectateurs, aux despotes vendus,
Ont dans le sang souillé ta robe blanche :
Que de beaux jours les hommes ont perdus !

Rencontrons-nous une fleur sur la route,
Profitons-en, demain la flétrirait ;

A longue haleine, et non pas goutte à goutte,
Buvons le vin qu'un hasard répandrait ;
Est-ce pour rien que le ciel nous dispense
Tous les trésors sur le sol répandus ?
En vivant mal au sein de l'abondance,
Que de beaux jours les hommes ont perdus !

Ch. COLMANCE.

CONTREDANSE.

DÉDIÉE A MON AMI FAVART (CADET).

AIR : Allons, reprenons nos flons flons.
(Feu Jules LEROY.)

Voici le zéphir printanier,
   Douce brise
   Nous favorise,
Après vêpres, devant l'église,
Gai ! dansons sous le grand maronnier.

   Magnificat....
   Ah ! vivat !
Puis, l'on sort du temple ;
   Et du bal,
   Dans le Val,
L'écho redit le signal.

Avec bonheur
Le pasteur,
Joyeux, nous contemple.
A seize ans,
Quel bon temps !
Amusez-vous, mes enfants ?
Voici le zéphir, etc.

Avant la nuit,
— L'heure fuit —
Vite, qu'on s'apprête
A danser,
Balancer,
Sauter, gambader, valser.
Beau ciel d'azur,
Calme et pur
Préside à la fête ;
Tous contents,
Bien portants,
Passent-ils d'heureux instants !
Voici le zéphir, etc.

Comment ! Lubin,
Sur le sein
De la fille à Pierre

Vient d'oser
Déposer
Furtivement un baiser !
Chacun son tour :
C'est leur jour ;
Chut ! laissez-les faire...
Tendres vœux,
Doux aveux,
Croisez-vous !... en avant deux !...
Voici le zéphir, etc.

Un seul printemps,
Fleur des champs,
Marque ton passage ;
Sans couleur,
Sans odeur,
Bientôt tu meurs, pauvre fleur !
Brillante aussi,
Passe ainsi
La fleur du jeune âge.
Les beaux jours
Sont si courts ;
Amours, charmez-en le cours !
Voici le zéphir, etc.

Sots muscadins,
Citadins,
Que l'ennui séquestre,
Vous bâillez,
Vous payez
Sans pouvoir être égayés...
A quoi donc sert
Le concert
D'un bruyant orchestre ?
Mathurin,
Ton crin-crin
Est le meilleur boute-en-train !

Voici le zéphir, etc.

Oui, la gaîté,
La santé,
Sont notre apanage !
Le plaisir
A choisir
N'excite qu'un vain désir.
Simples ébats,
Mille appas
Offre le village ;

                Jeux et ris
                Ont leur prix
        Tout aussi bien qu'à Paris.

Voici le zéphir, etc.

Emile VARIN.

L'ESPRIT MALIN.

AIR : Vli, vlan. (BÉRANGER.)

Mère abbesse, mes yeux sont las,
A vos genoux l'effroi me guide ;
J'aurais pu crier, mais, hélas !
Vous savez si je suis timide.
Ce matin, l'ange du péché,
A mes côtés était couché....
        Pitié, doux Jésus !
De pleurs ma couche est tout humide ;
        Pitié, doux Jésus !
Esprit malin, ne reviens plus !

Sachez comment il est entré,
Ma bonne et respectable aïeule,

Vous qui jamais n'avez montré
Les faux dehors d'une bégueule ;
Les lois de la communauté
Nous prêchent tant l'humanité ;
  Pitié, doux Jésus !
Et puis j'ai si peur.... toute seule,
  Pitié, doux Jésus ! Esprit, etc.

Oh ! ma mère, s'il m'avait dit :
« Je suis d'une laideur extrême,
» Je porte sur mon front maudit
» Le stygmate de l'anathème »,
J'aurais fui l'ange des sabbats ;
Mais pourquoi m'a-t-il dit tout bas :
  Pitié, doux Jésus !
Je n'ai pas vingt ans, et je t'aime ;
  Pitié, doux Jésus ! Esprit, etc.

J'ouvre à cet esprit bienveillant
Qui s'avance, ou plutôt recule,
Car ma porte en s'entre-bâillant
Ne peut suffire à cet hercule ; —
Voyez son pouvoir infernal ;
Tout en jouissant de son mal,
  Pitié, doux Jésus !
Je sens s'élargir ma cellule,
  Pitié, doux Jésus Esprit, etc.

Quoi ! vous méditez un sermon,
De courroux votre front se plisse !
Mon Dieu ! des œuvres du démon,
Pourriez-vous me croire complice ?
Malheur ! avez-vous dit, malheur !
S'il touche une fois notre cœur ; —
  Pitié, doux Jésus !
J'ai souffert six fois ce supplice,
  Pitié, doux Jésus !   Esprit. etc.

On dit que la porte des cieux
S'ouvre aux martyrs, j'y crois sans doute,
Aussi des pleurs délicieux
Ont seuls accidenté ma route ;
Je dois avoir gagné le ciel,
Car de cette coupe de fiel,
  Pitié, doux Jésus !
Il ne reste pas une goutte ;
  Pitié, doux Jésus !   Esprit, etc.

Mon malheur encor trop récent,
N'est pas de ceux qu'un jour efface,
J'ai versé des larmes de sang
Dont vous voyez encor la trace...
A ce démon qui me poursuit,
Comment échapper cette nuit ?

Pitié, doux Jésus !
— Ma fille, je prendrai ta place !... —
Pitié, doux Jésus !   Esprit, etc.

Victor DRAPPIER.

GUTTEMBERG.

AIR : Je promets d'agir en bon soldat.
(PRÉVILLE et TACONNET),
ou Laissez reposer le tonnerre.

La renaissance avait su découvrir
Les fondateurs de la philosophie ;
Un nouvel art aussitôt vint ouvrir
L'éternel panthéon de la typographie.
　Des grands talents et des grandes vertus
　Jamais l'oubli ne ternira l'histoire.
　　La gloire ne périra plus :
　　A Guttemberg cette victoire ! (*bis.*)

Tous les abus mènent vers un écueil.
Dieu, pour punir les scandales de Rome,
Voulut frapper l'Église en son orgueil,
En faisant de Luther triompher la Réforme.
　Dans cette lutte, un généreux soutien
　A propagé sur chaque territoire
　　L'Évangile vraiment chrétien :
　　A Guttemberg cette victoire ! (*bis.*)

La presse fut le pouvoir bienfaisant
Qui, de Colomb servit l'œuvre féconde ;
En Amérique, son essor puissant
Fit qu'un monde nouveau sortit du Nouveau-Monde,
Un peuple, heureux par la fraternité,
Donne partout l'exemple méritoire
   De l'ordre et de la liberté :
   A Guttemberg cette victoire ! (*bis.*)

L'imprimerie est, surtout de nos jours,
Par de beaux noms, à nos yeux rehaussée.
Aimons cet art ; un bon livre toujours
Est l'incarnation d'une bonne pensée.
   Pour embellir de ses divins trésors
   Tout l'univers comme un seul auditoire,
   L'esprit maintenant prend un corps :
   A Guttemberg cette victoire ! (*bis.*)

Strasbourg enfin, en ses vœux entendu,
De Guttemberg saluait la statue ;
Notre David, à qui ce bronze est dû,
A ses admirateurs disait, la voix émue :
   « De ce succès ne me louangez pas ;
   « A mon héros en appartient la gloire !
    « Son génie a guidé mon bras :
    « A Guttemberg cette victoire ! » (*bis.*)

LÉNÉ.

IL FAUT AVOIR DU CHIEN
DANS L'VENTRE.

AIR : Car l'eau coule pour tout le monde.

Prendre un p'tit log'ment sous les toîts,
Raccommoder tout's ses guenilles,
Boir'du coco, manger des noix,
Et s'chauffer avec les coquilles,
Voilà l'existence d'un auteur
Qui pour rimailler se concentre ;
Moi qui n'suis qu'un pauvre amateur,
J'crois qu'pour êtr'versificateur,
Il faut avoir du chien dans l'ventre.

Un jeu'n garçon se mariait,
L'autre jour, avec un'vieill'fille :
Dans l'églis', tout bas l'on riait
D'voir un'mariée aussi gentille.
Elle avait des yeux comm'le poing,
Un' bouch' deux fois comm' cell' d'un chantre,
J'dis, en voyant cet embonpoint :
Pour la satisfaire en tout point
Il faut avoir du chien dans l'ventre.

Un mari maussade et jaloux,
A sa femme à peine accouchée,
Disait : Redoutez mon courroux !
Votr' conduit' ne m'est point cachée :
Cet enfant d'moi n'a pas un trait.
C'est un singe sortant d'un antre !
Monsieur, dit la bell' qui pleurait,
Pour faire à chaqu' fois votr' portrait
Il faut avoir du chien dans l'ventre,

Dans tous les cabarets d'Paris
On vend du vin à la bouteille
Qui, sans encourir mon mépris,
M'fait l'effet du bouillon d'oseille.
Dans c'nectar qui vous fait bondir
Je ne sais, ma foi pas c' qu'il entre ;
Mais tout c'que j'ai pu découvrir,
C'est qu' pour le boire avec plaisir
Il faut avoir du chien dans l'ventre.

Les bras meurtris par cent combats,
Le dos courbé par la souffrance,
Souvent sans pain, nos vieux soldats
Jadis allaient venger la France ;
Guidés par un jeune héros,
En tête, à l'arrièr' garde, au centre,
On les voyait toujours dispos ;

Pour défendre ainsi nos drapeaux,
Il faut avoir du chien dans l'ventre.

Nos savants de l'antiquité,
Dont le génie était si riche,
Nous ont peint la Fidélité
Sous les humbles traits d'un caniche.
Si chacun doit trouver charmant
Un pareil emblême, que diantre !
On peut conclure hardiment
Que pour être fidèle amant
Il faut avoir du chien dans l'ventre.

Eugène BERTHIER.

CONSEIL A MON FILS.

AIR Du papillon azuré,
ou Genets qui parfumez mes rêves.

Pauvre petit ! sur cette terre,
Au moment d'égarer tes pas,
Ecoute un avis salutaire :
A tout voyageur ici-bas,
Parmi tant de mortels fragiles,
Où chacun n'agit que pour soi,
Les chemins sont bien difficiles ;
Pauvre petit ! prends garde à toi.

Fatigué des jeux de l'enfance,
Fatigué d'innocents plaisirs,
Aux jours de ton adolescence
Tu formeras d'autres désirs ;
Ou l'amour avec ses alarmes
A ton cœur dictera sa loi ;
Il fait répandre bien des larmes !
Pauvre petit ! prends garde à toi.

Pour bien vivre dans ce bas monde,
Il suffit d'être vertueux ;
Mais le vice, à chaque seconde,
Séduit l'être voluptueux.
Au vice aisément on s'attache,
Les yeux l'observent sans effroi ;
Sous des fleurs le serpent se cache...
Pauvre petit ! prends garde à toi.

Si tu veux vivre dans l'histoire,
Affronte chagrins et douleurs ;
Le sentier qui mène à la gloire
N'est pas toujours bordé de fleurs :
Bien souvent le fruit du génie,
Flétri par la mauvaise foi,
Tombe au vent de la calomnie,
Pauvre petit ! prends garde à toi.

La morale de l'Évangile
Nous fait aimer le Créateur;
Mais d'un monstre la main agile
Y mêle un poison corrupteur.
Fuis sans cesse la race immonde
Des faux ministres de la foi,
Ils démoralisent le monde :
Pauvre petit ! prends garde à toi.

La vie est à peine essayée
Qu'à Dieu nous payons un tribut;
Pour nous sur la route frayée
Le destin a marqué le but.
Alors l'existence succombe,
Enfant ou vieillard, pâtre ou roi,
Tout homme appartient à la tombe...
Pauvre petit ! prends garde à toi.

Philippe LEROY.

Imp. Guillois, faub. St-Antoine, 125.

LA MONTAGNE OU JE SUIS NÉ,

ou

INVASION DES ANGLAIS SUR NOS COTES.
Souvenir de 1815.

AIR : Le vice et la vertu. (*Germain.*)
Ou : Allez prendre les eaux d'Enghien.

Près de la montagne superbe
Où, m'a-t-on dit, fut mon berceau,
Sur le devant, entouré d'herbe,
Coulait un petit filet d'eau ;
Parfois la petite rivière,
Gagnant un sentier détourné,
De ses eaux mouillait le derrière
De la montagne où je suis né.

En ce temps-là, dans la montagne,
Les affaires allaient encor :
Ma mère, aux gens de la campagne,
Vendait sa crème au poids de l'or.
Mais un été des plus contraires,
D'un long malaise accompagné,
Suspendit le cours des affaires,
Dans la montagne où je suis né.

Mon père alors sur la montagne,
Dans un petit chalet allait
Battre son beurre, et sa compagne,
Hélas ! à perte le vendait.....
On vit jusqu'à la dernière heure,
Quoique de plus en plus gêné,
Mon pauvre père aller au beurre
Sur la montagne où je suis né.

Mais voilà qu'un jour, par la plaine,
L'étranger débouche en vainqueur !....
Ce jour-là, ma mère était pleine
D'affliction et de terreur.
Elle pousse un cri de souffrance !....
Mon père, un moment consterné,
S'élance en criant : délivrance !
Vers la montagne où je suis né.

Le fer a brillé.... le sang coule :
Les Anglais font irruption !...
Soudain la montagne s'écroule,
Au fort de l'opération.
Non loin d'un petit ermitage
De blanches fleurs environné,
Les Anglais s'ouvrent un passage
Dans la montagne où je suis né.

Retroussant sa moustache rousse,
Vrai grognard, mon père soudain
Charge les Anglais, qu'il repousse

Bannière et pistolet en main.
Ah! de son corps couvrant ma mère,
Dans le sang des Anglais baigné,
Que de coups a tiré mon père
Sur la montagne où je suis né !

Ils ne sont plus ces temps de guerre !..
Et ma mère sur le retour
Des Anglais ne compte plus guère,
Adieu jour de gloire et d'amour !....
Le sol ne garde aucune trace
Du gazon dont il fut orné :
D'affreux sillons marquent la place
De la montagne où je suis né.

Auguste JOLLY.

GRENADE LA VIVANDIÈRE.

Air de Colin et Colinette. (Mus. de *Célestin Petit**.)

Jadis dans la grande armée,
  Un dragon
  En jupon,
Vivandière renommée,
Grandit au bruit du canon,

* La musique se trouve chez M. EYSSAUTIER, passage Bourg-l'Abbé.

Un jour dans une bourgade
　　Près du chien
　　D'Autrichien,
On la baptisa Grenade,
Nom qu'elle méritait bien.

　　Narguant le destin
　　Et sans chagrin
La gentille Grenade,
Brune à l'œil piquant,
Dans chaque grade
Avait plus d'un galant,
Au pékin qui voulait plaire,
Notre aimable vivandière　} *bis.*
Répondait en chantant :
Rantanplan, rantanplan,
Rantanplan, rantanplan,
　　Plan plan.

Bonne, mais d'humeur guerrière,
　　Son amour
　　Le tambour
Réveillait la vivandière
Le matin avant le jour.
Elle allait porter la goutte
　　De cognac
　　Au bivouac,
Puis aux fumeurs sur la route
Gratis donnait le tabac.
　　Narguant, etc.

Elle affrontait la mitraille
      Pour courir
      Secourir
Sur chaque champ de bataille
Tout soldat près de mourir.
Un jour dans une mêlée,
      Un boulet
      Indiscret
Vint, sa jupe en fut brûlée,
Ce fut là tout son regret.
      Narguant, etc.

De la virginité pure,
      Par amour
      Un beau jour
Elle revêt la parure :
Grenade aimait à son tour.
On fêtait son mariage
      Quant survient
      Le Prussien,
Qui la réduit au veuvage,
Vierge ou femme on n'en sait rien.
      Narguant, etc.

Près d'Anvers, dans une mine,
      Nos soldats
      Au trépas
Condamnés par la famine,

S'étaient résignés tout bas.
Sous la vive canonnade
  Du rempart
  Elle part,
Ils sont sauvés par Grenade,
Qui des lauriers a sa part.
  Narguant, etc.

Mais vint un jour qu'en Afrique,
  Un faquin
  Marocain,
De cette femme héroïque
Au combat perça le sein,
Sa blessure fut mortelle,
  De regret
  Tout pleurait.
Depuis en ami fidèle
Chaque soldat répétait :
  Narguant, etc.

      Guémied (Eug.)

LA GAUDRIOLE.

Air : de la Boulangère.

Ma mère qu'on connaît partout
 Pour son humeur frivole,
Pour me tirer je ne sais d'où,
 Cria comme une folle ;
Puis elle entonna tout-à-coup :
 J'aime la gaudriole
  Par goût ,
 J'aime la gaudriole.

Sur ce monde à peine debout
 Le sort peu bénévole ,
Me dota d'un visage Indou
 D'un nez en croquignole,
Un tel nez veut dire après tout :
 J'aime la gaudriole, etc.

Moitié renard et moitié loup,
 En sortant de l'école
Je pris pour m'en faire un joujou
 La jambe de Nicole
Un peu plus haut que le genou.
 J'aime la gaudriole, etc.

Mon parrain, bedeau de Saint-Cloud,
　　Me dit : Viens Anatole,
Chez nous tu te pendras au cou
　　Un camail, une étole,
— Mon cher parrain, vous êtes fou :
　　J'aime la gaudriole, etc.

Bref, quoique laid comme un hibou,
　　Quoique sans une obole,
Savez-vous pourquoi, sans dégoût,
　　Le sexe me console ?
C'est que la nuit, sous le verrou,
　　J'aime la gaudriole, etc.

La politique me rend fou,
　　Vrai, j'y perds la boussole ;
Abd-el-Kader, Rosas, surtout,
　　Que Dieu vous patafiole !
Mais Pomaré me plaît beaucoup :
　　J'aime la gaudriole, etc.

A l'écarté, j'aime l'atout,
　　J'aime la casserole,
A table, je tiens bien mon bout
　　Pour vider une fiole,
Outre le vin et le ragoût,
　　J'aime la gaudriole, etc.

　　　　　　　　Ch. COLMANCE.

LE BON VIEUX TEMPS,

RONDE.

Air des Viveurs. (*Eugène Petit.*)
Ou de la Ronde des Moissonneurs.

Autrefois les fils d'Épicure
Éveillaient dans leurs chants fallots
Les doux plaisirs, la gaîté pure
Tout en vidant pintes et brocs.
Mais nous, avec tous nos grands mots,
Nous n'éveillons que la censure.
    Épicure, où sont tes enfants
    Du bon vieux temps ?

Ces lurons de la vieille France,
Grands amateurs des fins repas,
Savaient doubler leur jouissance
Par le choix des mets délicats ;
Mais chez nous le nombre des plats
L'emporte sur leur excellence :
Comus n'a plus ses bons vivants
    Du bon vieux temps !

Du Dieu malin des railleries,
De Momus joyeux sectateurs,
Ces bons aïeux, dans leurs folies,
Ne craignaient pas les détracteurs ;
Jamais de calomniateurs
Au sein de leurs franches orgies !...
Nous n'avons plus les amis francs
    Du bon vieux temps !

N'aimant à la fois qu'une belle,
Ils abhoraient le changement ;
Jurant d'aimer la jouvencelle,
Ils savaient tenir leur serment.
Pour nous, plus légers que le vent,
Un serment n'est que bagatelle !
Beau sexe, où sont tes vrais amants
    Du bon vieux temps ?

D'Aï sablant fortes rasades,
L'esprit en eux brillait toujours ;
La rondeur des bons camarades
Donnait du sel à leurs discours.
Mais on nomme esprit de nos jours,
La pointe et les calembours fades !....
Nous n'avons plus les mots piquants
    Du bon vieux temps !

Par leurs chants narguant la tristesse,
Risquant le couplet égrillard,
Ils pratiquaient dans leur sagesse
Les maximes du bon Panard ;
Piron, Collé, Chaulieu, Favart,
Guidaient leur muse enchanteresse.
Qui nous rendra les joyeux chants
    Du bon vieux temps !

        Prosper MASSÉ et PORTE.

A TOUS LES COUPS

L'ON GAGNE.

    Air de l'Auteur des paroles.
    Ou : Ma Marmotte a mal au pied.

Qui veut tirer des macarons ?
    Accourez les pratiques !
Enfants, maris, amants, tendrons,
    Censeurs, fins politiques,
Quand les tours sont bien combinés,
    Le gain les accompagne.
Allons, tournez, tournez, tournez,
    A tous les coups l'on gagne.

Que j'ai de plaisir à vous voir,
  Dociles girouettes,
Ajuster au vent du pouvoir
  Toutes vos pirouettes !
Pour les courtisans raffinés,
  La France vaut Cocagne !
Flatteurs, tournez, etc.

Sur ce bronze qu'on transforma
  En colonne à la gloire,
Admirez le panorama
  De nos jours de victoire :
Nos hauts faits y sont burinés
  Campagne par campagne,
Pour les bien voir tournez, etc.

Liberté, depuis quarante ans,
  Vous faites votre ronde,
Vous deviez en bien moins de temps
  Faire le tour du monde,
A votre allure façonnez
  Moines, bandits d'Espagne,
Et puis, tournez, etc.

Pour forcer le chemin étroit
Qui conduit à Cythère,
Garçon, va toujours ferme et droit :
  Voilà tout le mystère,
Et si vous vous en souvenez
  En battant la campagne,
Filles, tournez, etc.

Roulez donc, employés des jeux,
  L'impôt grève la banque.
Aux joueurs criez vos enjeux,
  La rouge impair et manque.
Qu'importe s'ils sont entraînés
  Vers la morgue ou le bagne.
Ils ont de l'or, tournez, etc.

La sagesse de nos esprits
  Rend le penser morose,
De par Bacchus quand on est gris
  Tout est couleur de rose.
Pour le bien des gens chagrinés
  Sous la pourpre ou le pagne,
Froide raison, tournez, etc.

Du rouet qui file nos jours,
  Soignez la manivelle,
Parques, tournez pour nos amours,
  Allongez la ficelle,
Tournez encor pour nos dinés,
  Tournez pour le Champagne,
Pour nos flons flons, tournez, etc.

CHANU.

GERTRUDE.

Air du Curé de Pomponne.

Prudes, qui changez d'amoureux
　　Bien plus que de chemise,
Toujours vous dénigrez mes feux
　　Et j'en suis peu surprise,
Mais de tout ce qu'on en dira
　　Voici l'exactitude :
　　　L'apprendra
　　　　Qui voudra
　　　　　Larira
　　Gertrude n'est pas prude.

On ne veut que plaisirs décents
　　Pour filles de mon âge,
Moi, j'adore tous ceux des sens
　　Et j'en fais grand usage,
Fi ! de celle qui blâmera
　　Cette douce habitude :
　　　L'apprendra, etc.

A treize ans, mon esprit léger,
　　Ma tournure gentille,
Me firent aimer d'un berger,
　　Car j'étais grande fille,
Ce nigaud ne se déclara
　　Qu'à ma sollicitude.
　　　L'apprendra, etc.

Pour l'honneur de notre curé,
　Je quittai mon village;
Il me fit un paquet serré,
　Et paya mon voyage,
J'eus du bien dont il m'honora
　Neuf mois de lassitude.,
　　L'apprendra, etc.

En chemin certain garnement
　M'accosta d'un air tendre,
Il rejoignait son régiment
　Et ne pouvait attendre;
Ce grivois-là me pénétra,
　J'aime la promptitude,
　　L'apprendra, etc.

Vers Paris nous marchions tous deux,
　Et je riais sous cape,
De voir toujours de nouveaux jeux
　Egayer chaque étape,
Ce que le prêtre m'en montra
　N'en était qu'un prélude,
　　L'apprendra, etc.

Après avoir marché six jours,
　Le but de notre course,
Avec la fin de nos amours,
　Vit le fond de ma bourse.

Car son contenu restaura
  Mon beau maître d'étude,
    L'apprendra, etc.

Pour faire élever noblement
  Le fruit de ma tendresse,
J'ai chargé le gouvernement
  Du soin de sa jeunesse,
Je suis, sur ce qu'il deviendra,
  Libre d'inquiétude,
    L'apprendra, etc.

Bref, du cœur des fils d'Enfantin
  Je veux toucher la fibre
Et leur prouverai dès demain
  Quelle est la femme libre,
Mon humeur s'accommodera
  De leur barbe un peu rude,
    L'apprendra, etc.

Sur ce, respectez mon jupon,
  Lui dont la complaisance,
Du jouvencel et du barbon
  Sut charmer l'existence ;
Assez d'affronts il endura
  Dans certaine attitude.
    L'apprendra, etc.

Édouard HACHIN.

Imp. SOUPE, passage du Ponceau, 18 et 20.

www.ingramcontent.com/pod-product-compliance
Lightning Source LLC
LaVergne TN
LVHW022212080426
835511LV00008B/1730